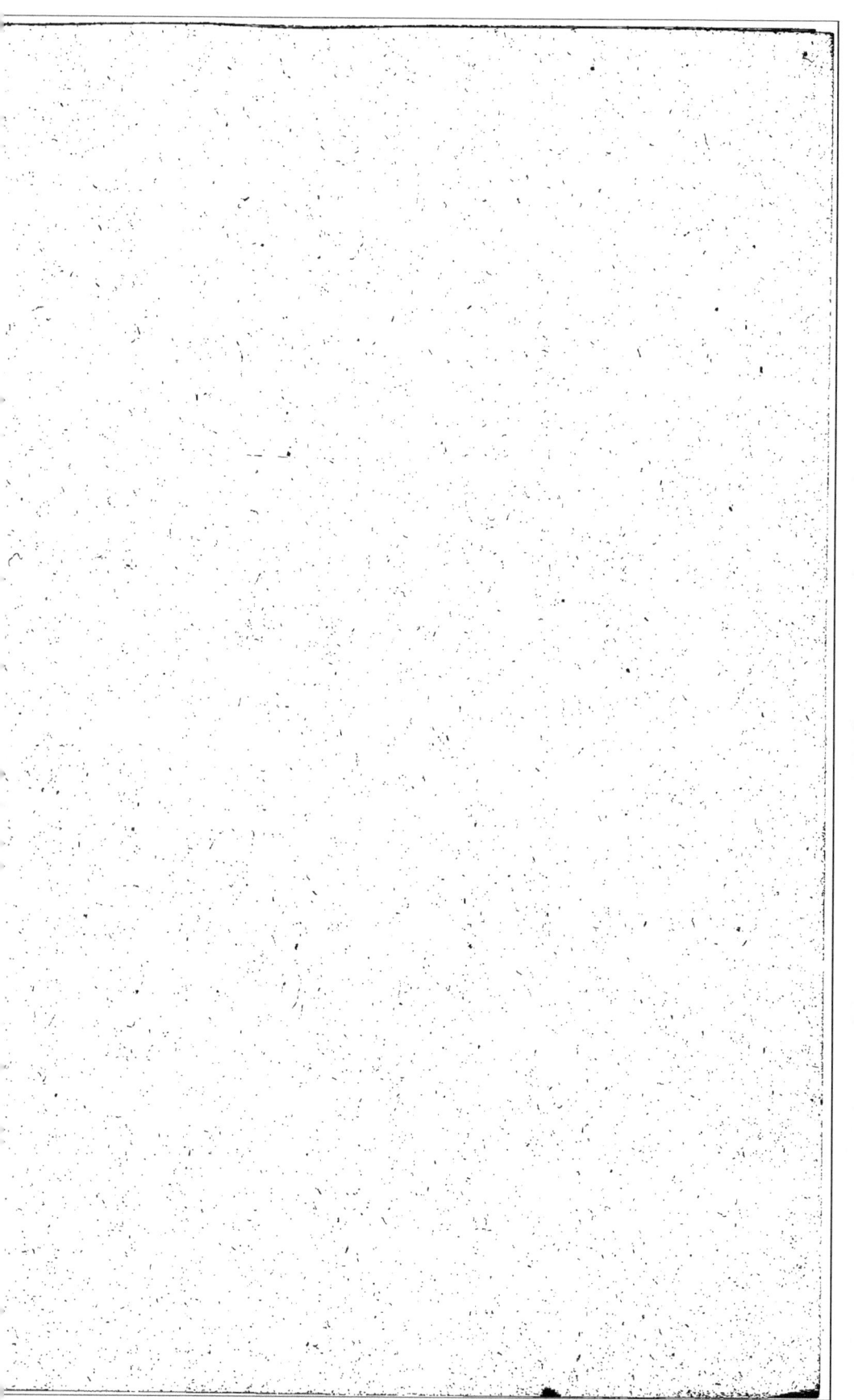

RÉFLEXIONS

SUR LE PAMPHLET INTITULÉ :

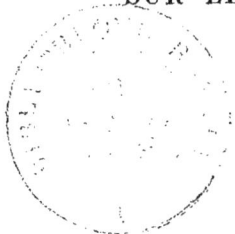

PRÉCIS

SUR

LES ÉVÉNEMENTS DE DANJOUTIN.

1845

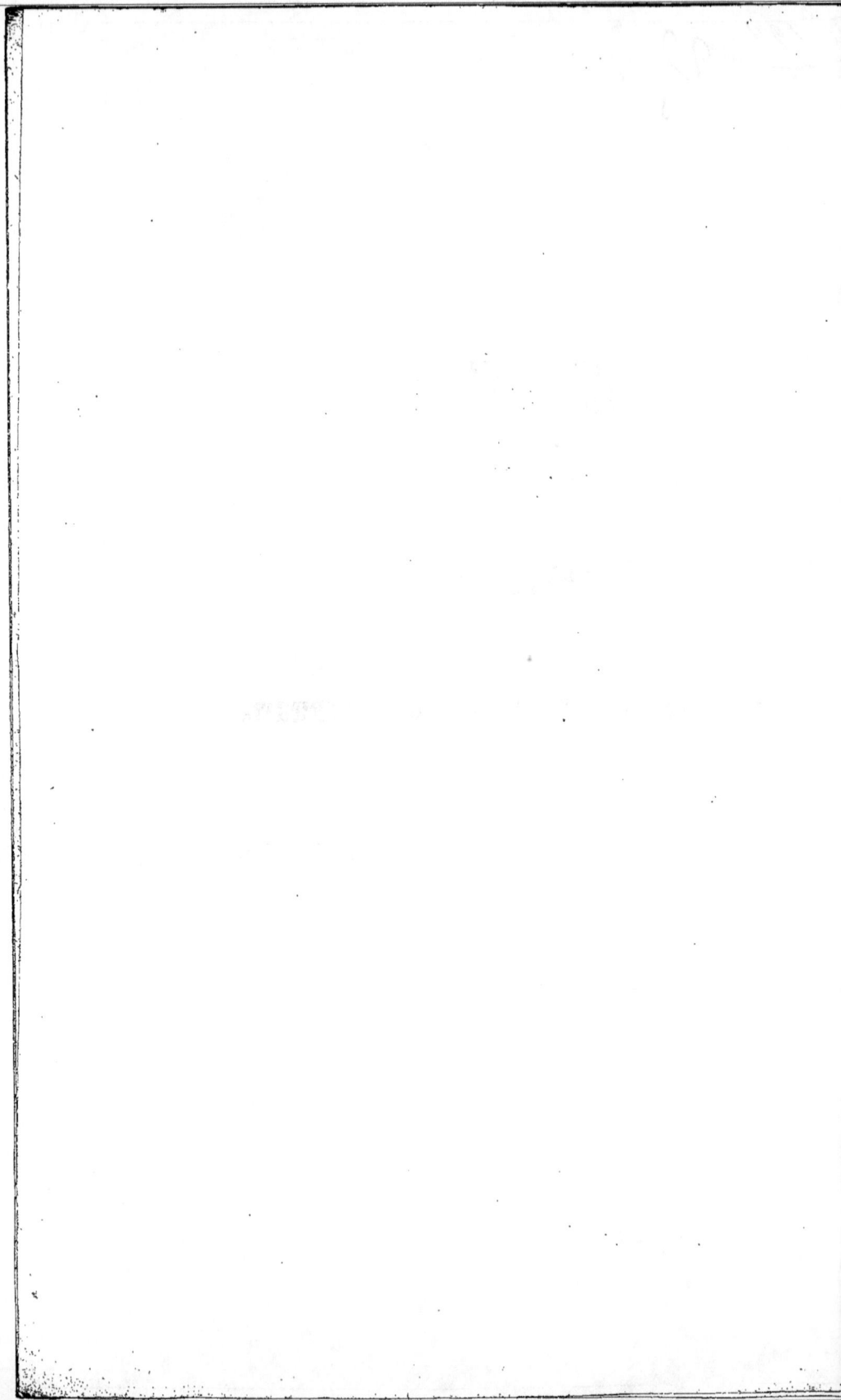

RÉFLEXIONS

SUR LE PAMPHLET INTITULÉ :

PRÉCIS

SUR LES ÉVÉNEMENTS DE DANJOUTIN.

Mieux vaut un ennemi
Qu'un imprudent ami.

Il a paru dernièrement un pamphlet intitulé : *Précis des événements de Danjoutin.* Les auteurs de cet ignoble *factum* se sont cachés sous le voile de l'anonyme. Il y a en effet de quoi se cacher quand on a pu concevoir et écrire un si triste libelle.

Depuis le commencement de ce roman jusqu'à la fin , les anonymes racontent leurs rêveries, et font une peinture hideuse de plusieurs personnes estimables ; et quand ils ont achevé la peinture qu'ils viennent d'imaginer, ils s'emportent contre elle et la couvrent de boue. Un tel triomphe est facile, mais il est court ; car le public sensé fait bientôt justice d'une semblable tactique.

Je m'étais imaginé d'abord que les auteurs de cette misérable production n'avaient eu d'autre but , en diffamant une quinzaine de personnes, que de mettre M. Krémer à couvert des accusations qui s'élevaient contre lui ; mais après avoir parcouru leur *factum* , j'ai acquis la triste conviction que ces prétendus défenseurs sont les plus grands ennemis de M. Krémer, et que tout en faisant semblant de le défendre, ils se plaisent à lui jouer des tours perfides, et à le laver avec de l'encre.

Qu'on les écoute un instant, et l'on en restera convaincu. Ils disent d'abord, *que certains individus* qu'ils appellent bédouins, *allaient passer les veillées chez M. Krémer, pour noircir et diffamer tout le monde.*

Si cette assertion était vraie, on serait forcé de conclure, de deux choses l'une, ou que M. Krémer ne connaissait pas son devoir, ou qu'il le remplissait fort mal, puisqu'au lieu d'imposer silence aux diffamateurs, comme il y était doublement obligé, il leru a permis, au dire des anonymes, *de noircir et de diffamer tout le monde, non seulement pendant une veillée, mais pendant plusieurs.*

Ils affirment en second lieu qne *tout le monde de Danjoutin approuvait M. Krémer et lui était dévoué, à l'exception des Fleur, de Charton et de Mouilleseaux, d'Andelnans*, et un peu plus loin, ils ont la maladresse de publier que *la fille Renaux et la fille Pétet ou Recroix ont noirci à l'évêché ledit abbé Krémer.*

Si la chose était telle, il s'ensuivrait. 1° que M. Krémer a été accusé par des personnes *qui lui étaient dévouées et dont il était approuvé* ; 2' que ces accusations sont d'autant moins suspectes qu'elles viennent de personnes bien disposées en faveur de M. Krémer. Quelle révélation perfide ! n'est-ce pas là immoler un homme tout en faisant semblanl de le sauver ?

Plus loin, les anonymes représentent M. Krémer comme instruit de toutes les nouvelles, de toutes les intrigues, de tout ce qui se passait, non seulement dans sa paroisse, mais eneore dans tout le pays.

Si ccla était, il faudrait conclure que M. Krémer avait un grand nombre de rapporteurs et de mouchards à ses ordres, ce qui assurément ne ferait pas son éloge.

Ailleurs, ils avancent que Mgr. l'Évêque a dit à M. Krémer : *on vous a d'abord reconnu innocent, mais de nouvelles preuves arrivées plus tard vous ont condamné.*

Il faut avouer que les anonymes font ici une singulière confidence. Quoi! de nouvelles preuves arrivées plus tard ont condamné M. Krémer. Il y a donc eu des preuves contre lui? il n'a donc pas été condamné sans preuves, comme on le voudrait persuader au public. C'est bien ici le cas de s'écrier : *Mieux vaut un ennemi qu'un imprudent ami.*

Mais quelles sont ces nouvelles preuves arrivées plus tard, demandent les anonymes? L'évêché et M. Krémer lui-même répondraient sans doute à une question aussi indiscrète : qu'ils ne sont pas obligés de faire connaître ces nouvelles preuves et que le public n'a pas besoin d'en être instruit. Pour moi, je me contenterai de répondre par cet adage: *A sotte demande, point de réponse.*

Voilà qui suffit, je crois, pour faire voir que M. Krémer ne doit pas se féliciter beaucoup d'avoir des défenseurs aussi maladroits, aussi mauvais raisonneurs, aussi écervelés, des défenseurs qui dans tout le cours de leur furibond plaidoyer n'ont eu qu'un moment de franchise et de bon sens, à savoir, quand ils ont dit : que *M. Krémer a l'estime de tous ses semblables.* A coup sûr, je paierais de tels avocats pour ne pas se charger de ma défense.

Mais ce n'est pas seulement à M. Krémer que les libellistes susdits ont joué des tours perfides; ils en ont joué également à leurs amis de Danjoutin, en tirant de l'oubli leurs prouesses, leurs hauts faits et leurs charmants exploits.

Pour nous en convaincre, jetons encore un coup-d'œil sur le fameux pamphlet. Nous verrons que le titre seul des chapitres dont il se compose a réveillé dans l'esprit des personnes qui connaissent les événements de Danjoutin, des souvenirs peu honorables à des individus qui se disent Polonais.

En effet, le titre du premier chapitre qui est ainsi conçu : *Nomination de l'abbé Krémer à Danjoutin*, a rappelé à plus d'une personne que lorsque la nomination de M. Krémer à Danjoutin fut connue, quelques soi-disant Polonais, dont on pourrait citer les noms, se hâtèrent de publier (sans doute pour ne pas perdre *la louable* habitude qu'ils avaient de calomnier les prêtres) que ledit abbé Krémer *était méchant comme un âne rouge*, *chicaneur*, *qu'il s'était battu sur les prés avec le fils du maire de Faverois*, *qu'il avait laissé mourir son père dans la misère*, etc. A propos du même titre, on s'est encore rappelé que M. Krémer, quelques jours après avoir reçu sa nomination pour Danjoutin, fit une visite au maire de cette commune et qu'après avoir quitté ce fonctionnaire, il dit en présence de deux prêtres : *On voit sur la figure de ce maire qu'il est un fort mauvais sujet.* Il n'aura sans doute pas réfléchi que la mine est souvent trompeuse. Mais était-il nécessaire, était-il prudent de la part des anonymes de réveiller de semblables idées ? certes non.

Que de souvenirs peu honorables pour plusieurs Polonais n'a pas aussi réveillé ce titre du second chapitre : *Arrivée de l'abbé Krémer à Danjoutin !* En le lisant, bien des gens se sont souvenus que le jour où le bois de M. Krémer arriva à Danjoutin, un certain polonais fit venir, des faubourgs de Belfort, des ivrognes et des filles éhontées qui, en suivant les voitures du nouveau desservant, faisaient retentir l'air de clameurs propres à échauffer les têtes et à aigrir les esprits, et que pendant qu'on déchargeait ces voitures dans la cour du presbytère où se trouvaient encore l'abbé Fiétié (parce que sa nouvelle cure n'était pas encore évacuée), des Polonais *s'amusaient* à lancer une grêle de pierres contre les portes et les volets, sans que l'autorité locale, qui n'était pas éloignée, se soit mis en devoir de faire cesser ces infamies ; or, rappeler ainsi les fredaines de ses amis, n'est-ce pas une grande maladresse ou une noire trahison? Pour le coup, je conseille aux Polonais de choisir d'autres secrétaires.

A combien de réminiscences qui font peu d'honneur aux Polonais, n'a pas encore donné lieu ce titre du troisième chapitre : *Intrigues de M. Fiétié?* A ce sujet, on n'a pu s'empêcher de se rappeler les nombreuses dénonciations farcies de mensonges et de calomnies, les intrigues de tout genre auxquelles les Polonais et leurs secrétaires ont eu recours pendant plusieurs années, pour bouleverser la paroisse de Danjoutin et d'autres encore, et pour sacrifier M. Fiétié à de basses rancunes (1), et là-dessus plus d'un

---

(1) M. Fiétié, ancien curé de Danjoutin, a été estimé et chéri de tout le monde de cette paroisse, jusqu'au moment de la révocation de l'instituteur Millet, c'est-à-dire pendant l'espace de huit ans environ. Son éloge était dans toutes les bouches; on ne se lassait point de louer son désintéressement, sa douceur, son zèle et sa charité. Aussi, quand il fut nommé à la cure de Phaffans en 1831, on vit toute la paroisse se lever comme un seul homme pour le redemander à grands cris. Si les six dernières années de son séjour à Danjoutin, quelques-uns de ses paroissiens, en très petit nombre, se déclarèrent contre lui, est-ce parce qu'il n'était plus aussi bon curé qu'auparavant? Point du tout, il s'est vu en butte à la haine de la partie la plus immorale de Danjoutin, uniquement parce que deux ou trois individus mécontents de la révocation de l'instituteur (révocation que l'autorité locale et le comité supérieur avaient jugée nécessaire), mirent tout en œuvre pour aigrir les esprits contre lui, et contre l'autorité locale qu'ils représentaient comme placée sous l'influence du curé.

Il n'est pas croyable à quel point ces deux ou trois brouillons intriguèrent pour enlever à M. Fiétié l'attachement et la confiance de ses paroissiens. Les moyens les plus misérables furent mis en usage; l'on dénatura ses actes les plus louables; on s'efforça d'irriter les amours-propres et d'égarer l'opinion publique par toutes sortes de mensonges et de calomnies. Aux uns on disait que le curé ne les aimait pas, qu'il ne les trouvait pas assez religieux, etc.; aux autres qu'il avait parlé d'eux en mauvaise part, tandis que le pauvre curé n'avait pas dit mot; à ceux-ci on faisait accroire que tout ce que M. Fiétié avait dit en chaire était dirigé contre eux; à ceux-là qu'il n'estimait qu'une seule famille, qu'il gouvernait la commune et vivait en trop bonne harmonie avec l'autorité locale, et mille autres balivernes.

Au moyen de tous ces mensonges et de toutes ces intrigues, les deux ou

individu a fait la réflexion suivante : *Les auteurs du fameux pamphlet décrivent parfaitement tout ce qui a rapport aux intrigues qc'ils attribuent aux autres ; on voit qu'ils parlent d'expérience, car leur tableau est peint d'après nature, et leur miroir leur a pu servir beaucoup dans leurs descriptions.* Les anonymes auraient donc pu supprimer ce chapitre sans inconvénient pour leurs amis.

trois brouillons en question réussirent à égarer quelques esprits faibles et crédules, et à soulever quelques turbulents, quelques hommes de désordre. On n'en sera pas surpris, quand on saura qu'à ces basses intrigues, on avait toujours soin d'ajouter de copieuses libations. Mais la grande majorité de la paroisse fut tellement inaccessible à la séduction qu'on ne put renverser l'autorité locale, dans les élections, qu'en faisant accroire aux électeurs que les nouveaux conseillers seraient encore mieux disposés en faveur du curé que les anciens, et qu'au moment où M. Fiétié fut nommé à la cure de Trétudans, la très grande majorité de la paroisse signa une pétition pour le réclamer.

Il semble que le départ de M. Fiétié aurait dû calmer la fureur de ses ennemis, puisqu'il était le résultat de leurs intrigues ; mais il n'en fut pas ainsi ; leur rage n'était pas encore assouvie. D'ailleurs, il leur importait de donner une apparence de justice à leur conduite passée et de faire accroire que M. Fiétié était un brouillon, que s'il avait éprouvé des désagréments à Danjoutin, il se les avait attirés lui-même. Pour atteindre ce but, ils le poursuivirent encore à Danjoutin, et jusque dans sa nouvelle paroisse, qu'ils s'efforcèrent de soulever contre lui ; mais heureusement leurs efforts et leurs intrigues échouèrent à Trétudans. Il n'en fut pas de même à Danjoutin où M. Fiétié n'était plus pour déjouer les tentatives criminelles de ces brouillons. Là ils réussirent mieux à augmenter le nombre de ses ennemis, et à le rendre odieux.

A force de les entendre publier calomnieusement que M. Fiétié appelait *canaille* les habitants de Danjoutin, qu'il travaillait à rentrer dans cette paroisse, qu'il avait payé des filles pour noircir et pour perdre M. Krémer, etc., bien des gens se laissèrent endoctriner et firent chorus avec les intrigants dont il s'agit. M. Krémer lui-même crut ou feignit de croire les absurdes mensonges que la malveillance allait chaque jour lui souffler aux oreilles, et se déchaîna aussi contre son prédécesseur.

Jusqu'à quand les Danjoutins seront-ils dupes de ces rusés fripons ? Ne verront-ils pas bientôt que des hommes dont on a déjà reconnu si souvent les impostures et la mauvaise foi, ne méritent aucune confiance ? Déjà deux ou trois individus ont envoyé à l'évêché une rétractation des calomnies contenues dans des pétitions signées par eux. Il faut espérer que d'autres encore suivront cet exemple.

Le chapitre qui suit et qui a pour titre : *Elections municipales*, n'est-il pas aussi un tour perfide joué à certains Polonais? Oui, sans aucun doute, car à ce mot : *Elections municipales*, on s'est aussitôt rappelé qu'un des chefs polonais disait à des électeurs pour obtenir leurs suffrages, *que M. le Curé de Belfort était un bon confesseur, que c'était toujours à lui qu'il se confessait*, et là-dessus chacun de s'écrier : O l'hypocrite! ô le tartufe! (car il faut remarquer que ce célèbre pénitent ne s'est plus confessé depuis sa première communion). Ce malencontreux chapitre des élections municipales a encore rappelé, surtout aux habitants d'Andelnans, qu'un des plus aguerris polonais s'est transporté, le jour de l'élection, dans leur commune où il n'avait rien à chercher, pour y *faire des siennes*, et que sa présence occasionna un grand remue-ménage et plusieurs illégalités flagrantes dans les opérations électorales, à la suite desquelles l'élection fut annulée et le parti polonais culbuté. En touchant cette corde, les anonymes ont donc exposé leurs amis à être sifflés. Quels maladroits secrétaires!

Et le titre suivant : *Bénédiction de cloches*, n'est-il pas aussi une grosse bévue? Il a tellement fait gloser et sur les orgies et les scènes scandaleuses qui ont eu lieu, au son du violon, le jour que les cloches arrivèrent à Danjoutin, et sur la chape donnée par les parrains et marraines, et payée par la Fabrique, disent les mauvaises langues, et sur le produit de la souscription qui est tombé dans un gouffre sans fond et sans rivage, qu'on aurait fait sagement, à mon avis, de ne pas réveiller, au son de ces cloches, le chat qui dormait.

Enfin *la Machine infernale*, qui est le titre du chapitre suivant, n'est autre chose, a dit quelqu'un, que le pamphlet intitulé : *Précis des Evénements de Danjoutin*, puisque, dans l'intention de ses auteurs, il était destiné à tuer la réputation d'une quinzaine de personnes. Oui, on s'est rappelé tout cela en lisant le fameux pamphlet, et chacun a dit : les auteurs de ce factum et leurs amis sont les seuls brouillons, les seuls intrigants, les seuls menteurs. En vérité, il leur sied bien de vouloir donner leur nom aux autres! les impudents!....

Maintenant, je le demande, nos anonymes, en réveillant tous les souvenirs, en donnant lieu à toutes les réflexions dont je viens de parler, ont-ils rendu un grand service à leurs amis? Ont-ils fait l'éloge des Polonais, en disant dans leurs libelles qu'ils avaient formé le projet d'incendier quelques maisons de Danjoutin *pour griller les gens qui s'y trouvaient?* Personne n'oserait répondre affirmativement. Les mêmes anonymes ont-ils fait concevoir une idée avantageuse de leurs personnes quand ils sont entrés dans des détails orduriers sur lesquels je n'aurai pas le déplorable courage de les suivre, et quand ils ont osé affirmer qu'une telle somme d'argent avait été donnée à ceux-ci, une telle autre somme à ceux-là, pour les soulever contre M. Krémer, etc.? Assurément non, puisque toutes les personnes sensées, en lisant ces contes dignes des Mille et une Nuits, n'ont pu s'empêcher de s'écrier : *Que l'imposture était trop grossière, que si de telles infamies avaient eu lieu, il serait impossible de le savoir, attendu que de part et d'autre on ne s'en serait pas vanté.* Enfin, ces libellistes ont-ils eu réellement l'intention de défendre la réputation de M. Krémer, eux qui ont livré à la publicité de la presse ses démêlés avec des filles de sa paroisse? Il est évident que non. Leurs criailleries ne sont que pour la forme et pour déguiser les motifs secrets qui leur ont fait prendre la plume. Ils ont voulu uniquement faire du scandale, soulever les mauvaises passions, donner le change au public et vomir la bile qui les suffoquait sur les personnes qui ont l'honneur de leur déplaire. Leur libelle ne peut donc les honorer qu'aux yeux des gens dont ils ne doivent pas ambitionner les suffrages. Mais ce qui est plus fâcheux encore pour eux, c'est qu'ils sont tenus, en conscience, de restituer à leurs clients, pour les avoir défendus si maladroitement, le salaire et les cadeaux qu'ils en ont reçus. A Pâques, leur confesseur ne leur donnera certainement l'absolution qu'à cette condition, et s'il ne les condamne pas à des dommages-intérèts à raison du tort qu'ils ont fait à leurs amis, dans leur perfide plaidoierie, c'est alors qu'ils pourront dire aux électeurs de Danjoutin, *que leur confesseur est un bon confesseur.*

LE DOCTEUR MARTINET.

Besançon, Imprimerie de Bintot,

56